tangonosferatu

Ulrike Marie Hille

tangonosferatu

oder

Die Zärtlichkeit der Vampire

- Gedichte -

Atlantik Verlag

Bibliographische Informationen Der Deutschen Bibliothek
Die Deutsche Bibliothek verzeichnet diese Publikation in
der Deutschen Nationalbibliographie; detaillierte bibliographische Daten sind im Internet über http://dnb.ddb.de
abrufbar.

© 2003 by Ulrike Marie Hille

© 2003 für die deutschsprachige Gesamtausgabe
Atlantik Verlags- und Mediengesellschaft
Elsflether Str. 29
28219 Bremen
www.atlantik-verlag.de

1. Auflage November 2003

Alle Rechte vorbehalten. Auch auszugsweise Wiedergabe
in jeglicher Form bedarf der ausdrücklichen Genehmigung
durch den Verlag.

Umschlaggestaltung:	Atlantik Verlag
Umschlagillustration:	Denis Toulouse
Gesamtherstellung:	Fuldaer Verlagsanstalt

Inhalt

I tangonosferatu

tangonosferatu	9
Tanz mit mir	11
Tango Latino oder Gedicht vom Widerstand	13
mächtiges elend	15
Du Schöner	17
Mein Bruder Mohn I	19
Mein Bruder Mohn II	21
Cyrrocumulus	23
Trauergesang auf Odysseus' Abschied von einer Insel	25
Frage	27
Undine geht nicht	29
Ach Liebster	31
Lissaboner Elegie	33

II Ach ich

Ach ich	37
Gang über einen alten Friedhof der Kindheit	39
Winter	41
spinne	43
fehlfarbene frau	45
porträt	47
unterm junikuss	49
Kein Wechsel der Jahreszeit	51
frühlings erwachen	53
heilung	55
Arterienhaus	57
Kopfsturz	59
Den Weg frei	61

III Sprachverschlag

Rotsternballade	65
Sprachverschlag	67
Stell dir vor	69
Auf den Besuch von Hilde Domin	71
Bibliothek als Metapher	73
über tradition in der modernen lyrik	75
Sanfter Poet	77
Sonett	79
Mein Fluss I	81
Mein Fluss II	83
Schule des Poeten	85

IV Orangenmond

Rotkehlchen-Orakel	89
Immerfrühling	91
Nachricht	93
Wieder eine Nachricht	95
Heilige Cäcilie – das unsichtbare Klavier	97
Orangenmond	99
Niemandshand	101
Mein Schmied	103
Gebet	105
Keine Zeit ist verloren	107

Nachwort von Jürgen Heiser	109
Vita	111

tangonosferatu

tangonosferatu

am fluss in den niederungen
musik aus den vorstädten argentiniens
männer und frauen die sich traurig umfassen
tanzende die sich wortarm umarmen
und sich liebesgeschichten erzählen
von der zärtlichkeit der vampire
und den abschieden immerzu

erzählen sie sich vom mythos der barbaren
von der selbstverständlichkeit des bösen
trocknen sich gegenseitig die tränen
von der aufreibenden trauer
und dem tanz der sie in schweiß wirft
den melodien des abschieds die
wie die messer sind: schneidend hart und gerecht

die männer in den seidenen hemden
bieten den frauen hoffnungen an
und die frauen in ihren geschlitzten röcken
mit ihren gespitzten absätzen
fallen ein in die mörderischen melancholien der männer

das sind die melodien des schmerzes
die langgezogen sind und wild
spaßeshalber eine todesmusik
die grausamen klänge von liebespaaren
die sich umarmen im fallen der blätter der rosen
wenn in den fluss die nacht einbricht
und der wind kühl wird in den niederungen

das sind die melodien von der zärtlichkeit der vampire
von den abschieden immerzu

Tanz mit mir

Tanz mit mir ach tanz doch
gib mir deine Hand
lass mir deine Schulter das Nackenvlies
den zärtlichen Bogen am Hals
lehn ich am Baum deiner Brust
zeichne ein Herz in die Rinde
träume an deinem Stamm

Umfasse mich fest
mein Gebieter
öffne im Rücken mein Herz
und tanz mich
und halt mich und finde den Weg
durch das Schwingen und Wiegen
durch das Auf und Ab
wir fliegen
wie ein Schiff auf beinharten Wellen

Wir tanzen hinauf
bis zum Geigenhimmel
vom Flötenhagel getroffen
von Schauern gejagt
der Gitarren
taumeln wir wütend vor Glück
durch den Donner der Rosen

Tanz mich mein Geliebter
ich tanz dich verlang dich
begreif dich mit meinen Beinen
wir schmelzen versinken
ertrinken
im höllischen Lachen und Weinen

Tango Latino
oder: Gedicht vom Widerstand

Jorge Luis Borges lehrte es
in seinen Geschichten des Tango,
Hemingway lebte und schrieb es
in seinen short stories,
Baudelaire dichtete: »O Weib,
Schlammige Größe, erhabene Schmach«
und du zeigtest es mir in der Liebe und im Tanz:
Die Frau ist eine schöne Schmückung des Mannes,
eine würdige Gegnerin für ihn zu sein
wie ein Mann es nur kann, ist sie nicht,
wird sie nie sein.

Doch eine Erzählung gibt es bei Borges:
Ulrika, die nordische Priesterin.
Sie sagt dem kolumbianischen Gelehrten
den Tod voraus,
der auch i h r Tod ist,
denn die Liebe zwischen Mann
und Frau
ist nur möglich, wenn der Tod ihr Tanzmeister ist.
So wissen wir es schon von Bizets »Carmen«
und vielen anderen Männerdichtungen
und wissen es die Alten Frauen schon lange,
die ihr »Hexen« nennt und von denen fünf Millionen
auf den Scheiterhaufen verbrannten.

Javier Otarola (der Dunkle Latino, Geliebter
der Priesterin) wird nie ein Mann von Ulrika sein
in dieser Welt, wie auch wir nie ein Paar sein werden
in einer Welt, in der nur Männer herrschen, wo nur
Männer Krieger sein dürfen und Priester und Tänzer
und Männer den Liebesakt ausführen wie einen
Schießbefehl und Frauen keinen Widerstand leisten.

In meiner Welt des Nordens gibt es auch
d i e Kriegerin, d i e Tänzerin,
sie hat Diamanten im Kopf und tanzt
in den Felsen
über den Wassern zwischen Himmel
und Erde,
sie singt und schießt ihre Pfeile ab,
die dunklen des Hasses und die hellen der Liebe,
Rituale von Alten Völkern.
Sie schießt niemals nur e i n e n Pfeil ab, immer ist es
ein dunkler, ein heller: Schatten und Licht.

Sie schießt direkt aus dem Herzen.
Das ist der weibliche Widerstand.

mächtiges elend

in meinem kissen fault
dein kuss
von keines mannes mund
fällt ein falsch zeugnis mehr
auf mich und mir ins kreuz
dein herz kein herz
bringt mich nun mehr zum wallen

ich bin von allen
die schönste und stolz
bringt dich
mein rosenwunsch
mein flammenschwert
zum fallen

Du Schöner

mein herrlich geträumter
ich sehe dich groß und
geschmeidig deine haut
wie samt pfötchen möcht
ich dir geben dich küssen
umgarnen umfangen dich
möglich machen unmögliches
tun und unsinn treiben mit
dir auf den betten der welt

schön bist du und leicht
sinnig und sinnlich von
sinnen bin ich in deinen
armen ein weib ein kind
und unter der haut die
ekstase im herzen die freude

Mein Bruder Mohn I

Muss mich
mit dir vereinen
mein Bruder Mohn
träges braunsamtenes Augentier
im Sommer im Mittagsstaub

wo Blumen vergilben
im Hitzeschlaf
lauert auf uns
Pan
der Sanfte Wortfürst
Trunkene Dichter
Lippentänzer
Stimmenverführer

Unseren heißen Mündern entgegen
legt er BissSpuren aus
erwartet uns lüstern im Honigfeld

Mein Bruder Mohn II

Im Gestrüpp deines Sommergartens
verfangen in deinem Lilienarm
trifft mich
das Rosengeschwader.

Wer schützt mich vor dem Gewitter der Dornen
wenn in den Park die Wächter einfallen
um uns zu beschneiden.

Wenn ich verende
unter dem Kuss
deiner zweigestrichenen Zunge.

Cyrrocumulus

In der Höhle deines verlorenen Arms
bin ich geborgen
umschlossen von allen Seiten
in deinem grenzenlosen Haus

Unter dem Wolkendach
das uns Regen ankündigt
wärmst du mich mit Händen
aus Leuchtspurfäden.

Trägst mich ins Mohnblumenfeld
wo wir uns zärtlich umfassen umschlingen
unter Fallstreifen am Himmel.

Trauergesang auf Odysseus' Abreise von einer Insel

Bruder Mohn
nun geh
mit deinen trunkenen Augen
bist mir ins Land gekommen
hast Seelenraub begangen.

Nun fällt mein Herz
von deinem Baum
und stürzt ins
Wurzellose.

Du Fremder aus den Ährenmeeren
kommst von weit her
mein Land zu trüben
mit deinem heißen Atem.
In meinem Schoß lagst du
und trankst von meinen Teichen.

Nun gehst du
mit dem Schwert aus meiner Hand
und rüstest dich zur Weiterfahrt.
Ich stehe waffenlos
frag mich woher Nausikaa
das Sanfte und das Gute nimmt.

Frage

Was fürchtest du
mein Geliebter
wenn du mit mir
in den Morgen fällst

schlüge dein Herz
auf dem meinen
sängen die Nachtigallen
himmelhoch

jauchzend über dem
flügelzerschmetterten
Bett?

Undine geht nicht

In der Hitze des verwundeten Tages
in der dein Mund sich verminte
im bösen Wort
stand über dem Seerosenteich
das Flimmern des Sommers

Schmetterlinge halbtrauer geflaggt
Libellen im Tiefflug
stoßen über die Wasser
an deinen Leib
der in der Sonne gefriert

Gefangen in deinen Dornen
versperrt dir die Geliebte den Weg

Ach Liebster

Ach Liebster
so nimm doch dein Herz in den Leib
und komm in mein Haus
das am Abhang im Abendrot liegt

Dort wart ich auf dich in der Tür
mit dem Hibiskus am Hut
mit dem Rosengeflecht im Schoß

Ach Liebster
so steig doch hinab ins Kellergewölbe mit mir
wir trinken uns satt an den alten Weinen
lassen uns tragen ins Umgekehrtland

Ach Liebster
mein trunkenes Träumetier
küss mir den Hibiskus vom Hut
durchstoße das Rosengeflecht

Zärtlich umfass ich
dein Jünglingshorn
küss deinen
nabelumschlungenen Leib

Lissaboner Elegie

Wer bist du mein Freund Geliebter Fremder
mit dem ich Reisen mache
ins Innere der Erde und Millionen Jahre zurück
auf den Spuren der Toten Dichter
die uns über den Fluss ziehen und rufen:
    Wirf dich ins Meer.
Wer bist du Sanfter Dichter Steinseher
der mir die Strände zeigt und die Blumennamen nennt
mir Halt gibt wenn ich falle in den Marmorbrüchen
und mich kühn umfasst in den Sälen
    der großen Meister
aber selbst ein Ungehaltener ist.

Wer bist du Fliehender Bleibender
der mit mir in den Gärten wandelt
    und in den Olivenhainen
auf Rosenspiralen
    unter den Düften des Jakarandabaums
dem Ruf des Vogels »Schopf« folgend
und erstarrt wenn er einfährt in die Angst im Gestein.

Wer bist du verwundeter Portugiese mit dem Hunger
nach fremden Ländern und der Sehnsucht
nach den Schiffen die dich hinausfahren sollen
    ins Meer
fliehend vor den Töchtern des Alkinoos
und pflanzt doch dein Heimweh in die Balkone
    der Vorstädte.

Wer bist du Unbekannter Geträumter in der Metro
 von Lissabon
Ungeheuer und Träumetier aus dem Palacio Fronteira
das mich anspringt mit seinen Stiefeln und mich küsst
zwischen den Schenkeln mein Fleisch frisst
und mein Gerippe den Vogelgöttern opfert.
Wo kann ich dich finden Freund Geliebter Fremder
in einem Buchladen in Campo Ourique im Adressbuch
 Pessoas
auf den Rücken der Tauben in den Fängen des Adlers
des vielgeflügelten Dichters
schwebend zwischen Himmel und Erde?

Ach ich

Ach ich

sehne mich zwischen
deine Schenkel zu gehen
deine Haarhaut zu küssen
zu streichen dein lichtes Fell
gebe mich dir
in meinen Erinnerungen
gerne und hin

Gang über einen alten Friedhof der Kindheit

Erinnerungen im Winter
tragen mich
an das Mal
wo die Eishügel stehn

trägt Wind
wo der Wetterhahn steht
Krähen in meinen Blick
an mein Ohr

Winter

Ich möchte die Angst mit dir teilen
das Kind im gefrorenen Bett
die schlaflosen Augen die
immer sehen müssen
nie bin ich müde

und nur du hörst mich manchmal
wenn mein Herz unter der kalten Haut
und meine Hände aufschlagen
auf Eis

und du beatmest mich sanft
berührst mich mit deinen zersprungenen Lippen
die rau sind
von der Kälte im Winter

aus der wir beide kommen
und bauen aus Atemwind
unser Haus

Spinne

eingesponnen in mein reich
stoße ich an
mein fadenscheinschloss

trete an zum regieren
kronenlos
ohne untertanen
eine in seide geschlagene
königin

fehlfarbene frau

ich fehlfarbene frau
fand zuflucht im haus der bienen

trug meine honigsuche
zu den fliegenden frauen
den emsigen unfruchtbaren
diente mit ihnen
der flügelkönigin

doch ich sehne mich
herrin zu sein über zehntausende
meine schlüpfende rivalin zu töten
mich zu paaren mit hohlen prinzen
dem eitlen adel der drohnen

porträt

wohnt
eine frau in meinem spiegel mit herz
blut rotes lippen rund
formt sich
überm modischen schal
zum letzten schrei der saison

faltenlos in den herbst
fällt das gesicht
färben sich blätter
sanftgelb
unterm seidenen kleid

schmückt eine krähe den hals
mit gesang
im rücken steht mozart
im niemandsland
im schatten des farns
unterm fenster

Unterm junikuss

wie dieser vogel mich ruft
im garten jubiliert meinen namen
singt mir mein lied mein leid

ich werde bienenschwer
honigträchtig liege süß
gefüllt mit akeleie im bett

unterm junikuss gehn
meine lippen mein herz auf
rosenblättern gänseblümchen

wirft mich die sonne aus
meiner haut

Kein Wechsel der Jahreszeit

nun kommt bald winter
und noch immer nicht
ist herbst ist sommer
immer noch zu blau
steht überm kopf der

frühling geht kein nebel
horn des nachts
warnt auch kein
vogellaut und kräht
kein hahn nach mir

frühlings erwachen

bald nun ist
hörnerzeit
funkenflugzeit
gehn männer auf
leisen sohlen zu

frauen stieben
scharenweise über
einander die
liebenden her

dröhnt es
aus sperlings
hälsen drängen
sich düfte auf
trag ich zum wiesengrund
meine noch
unverworfene haut

heilung

ich wurde ein fall für die ärzte
die weißen krähen die flügelfrauen
sie färbten mich jodblumenrot
entfiederten mein geschlecht

nun heilt mein fleisch im gold
des oktoberlöwen steigt schamlos
röte ins gesicht des morgens
überm schnittblumenherbst

Arterienhaus

Ich bin krank
zur Sonnenblumenzeit
weiße Flüsse fließen in meine Adern
tropfen still ins Arterienhaus
weiten das Herzbett
warmbrüstige Frauen
fließen mir Rotmilch ein
pflanzen Mohn und Kamille
in meinen schlaflosen Garten
wo die Hitze des Sommers
rote Backen schlägt
und aufblühen lässt
mein wild um sich schlagendes Herz

Kopfsturz

Mein Geliebter der ist gestürzt
hat sich verwundet
sein Innenraumkopf eine Wunde
von Gedanken geschlagen
weißblütiges Hämmern im Hirn
mein König der Schwerter
liegt nun kampflos geworden
ein silberner Held wie Odysseus

An seinem Haupt von Sirenen getroffen
von garstigem Weiberflehen erobert
dringen die Stimmen der Schmerzen
die Klagen der alten Geister
an mein mit Erinnerungen geschlagenes Ohr
Mütterschreie von Kopf zu Kopf

Den Weg frei

Tanzen möcht ich
möcht tanzen
ohne Schuhe im Schnee

Das steigende Licht
schlägt eine Bresche
ins Winterverhau
Eisblüten fallen
von Sonnenhand

Tanzen möcht ich
möcht tanzen
ohne Schuhe
im Schnee

Den Weg frei
nach Atemland

Sprachverschlag

Rotstern-Ballade

Den Erinnerungen der Sprache schreibe ich nach
in Deutschland im Herbst in den kältesten Tagen
unter dem Rotstern

Vorwärts schrien wir im Kampf für den Sieg
unsere Fäuste schütteten Wortmeere aus
Münder ballten sich über blutigem Wortfleisch

Wir fanden immer neue stimmlose S
Hasstiraden
Schießbefehle
Pisse-Wörter
Gedichte waren verboten
Hölderlin reimte Urin

Hinter uns her jagten Männer mit Helmen und
    Knüppeln
Hubschrauber kreisten uns ein
Berittene traten uns flach in den Sumpf
in unsere Kotze des Langen Tages

Wir weinten nicht um den Tod von vielen
wir brüllten um unser
ungerächtes ungerichtetes Leben

Nun aber weinen wir
denn unsere Wörter sind auferstanden aus der alten
    Sprache:

Sturz aus babylonischen Türmen
Heiliger Hass in den Mündern
Rote Sterne am Himmel

Sprachverschlag

Erinnere dich mein Freund
an unser Haus das sich
bis Babylon auftürmte nachts
fielen lautlos Dächer ein

Erinnere dich
wie unsere Zeit sich blähte
in den Atempausenhallen
bis sich ein Luftzug unseres
kargen Liebesspiels erbarmte

Erinnere dich
an das Geschrei der Vögel als
wir in ihren Schlafhöhlen
nisten wollten und
kein heimlich Wort mehr fanden

Erinnere dich wie unsere
Sprache sich verschlug
nun steht kein Wort mehr
auf dem andern

Stell dir vor

Stell dir vor
alle Künste regierten
es gäbe Minister
für Dichtung
Minister für Malerei
Komponisten schrieben Gesetze
und Musiker geigten
flöteten spielten Klavier
oder trommelten
das Parlament ein Orchester
der schönen Klänge
am Rednerpult stünden Poeten
verkündeten von der Kraft des Wortes
es wäre der Präsident
eine schöne Frau
vom Theater sie tanzte
Medea sie führte
Regie verwandelte Härte
in Tänzer in Sänger
in Lieder

Auf den Besuch von Hilde Domin

Aus Freude schreiben
wenn das Einhorn
mich besucht hat

in meinen Morgengedichten
hat der Tag noch
keine Formen gefunden

tanzt es mit mir
unter dem Fabelhimmel
zeigt mir den Weg

einen Rosenzweig lang
geht und kommt wieder
kommt vielleicht wieder

Bibliothek als Metapher

Altes Tier Bibliothek
auf deinem haarlosen Kleid
trägst mich durchs Weltenmeer
deine Haut Erinnerungen
zurück bis ins Oligözen

Jahrmillionen Bilder
zu Zeichen geformt
in Laute gefasst

So versinke ich: Jonas im Wal
in den tonlosen Gesängen
lerne ich lesen
zur Sprache kommen
auferstehen im Wort

über tradition in der modernen lyrik

es ruft mich der wächter vom turm
hold holder hölderlin
quillt seine brunnensprache mir
fremdlingig über die lippen ins herz
rennen die liebenden
von mond zu mond

Sanfter Poet

wo kommt dein Lachen her
aus einem Land
das ich schon kenne
von Alters her
und hab es doch nie betreten

an deinem Mund ein Traumverlangen
nicht küsse-offen
doch leibbereit
und liebverloren

dein Angesicht
furchenvoll
auf dem die Engel ruhen möchten
nach langer Arbeit

die Stirn ein Himmel voller Glanz
mit Sterngedanken

Sonett

Es ist die Liebe, die uns ruft,
noch schöner kann sie sein als ein Gedicht.
Sie dichtet uns, wir atmen ihren Duft
und fragen nicht,

ob sie uns trägt durchs Leben oder nicht.
Von dir zu mir solls keine Kluft
mehr geben – ist nicht der ein Schuft
der anders drüber denkt als du und ich?

Wir zeichnen Hand in Hand die schönsten Kreise,
wie Vögel trägt uns weit der Flügelschlag.
Wir halten keine Richtung ein im Flug,

es ist noch lang nicht Tag.
Doch niemand fragt uns nach dem Sinn der Reise,
wir sind uns selbst genug.

Mein Fluss I

Am Fluss blüht der Ginster
der Wind weht Blüten
in mein Gedicht
Am Himmel verdichten sich Worte

Mein Fluss II

Unter den Flüssen der Welt
ist einer der dichtet   mich
an seinen Ufern stehen Platanen
aus sonnendurchtränkten Ländern
von den Winden des Nordens umweht
nimmt er ihre Lieder auf und trägt sie mir zu.

Schiffe mit großen Segeln ziehn träumend vorbei
alte holzharte Körper aus vergangenen   Zeiten
als noch Matrosen verwegen auf den Masten saßen
und herunterriefen: Ich sehe Land - und :
Da ist das Glück!

Festgebauter Rumpf unter dem wogend gleichmäßigen
   Wasser
im wiegenden Auf und Ab eine große Stille
auf der kraftvoll das riesige Weiß vorübergleitet
nur die Fahne flattert bunt über dem   Schiff
das Baudelaire ein »genialisch begabtes Tier« nannte.

Mein Fluss erzählt mir von der Poesie der Schiffe
die im Fernweh zuhause sind und von den Bäumen
die an seine Ufer verschlagen   wurden
mit ihrer immerwährenden Sehnsucht nach Süden.

Schule des Poeten

Sich zu erinnern
heißt
sich verlieren
im Rausch
und
wieder neu
zu formen
im Wort

Orangenmond

Rotkehlchen-Orakel

Cornwall an einem kühlen sonnigen Morgen
in einem Gartenstuhl auf dem Kissen
still aufmerksam Robin Rubinrot
mit prinzlich leuchtender Brust
ruhte vom Winter aus beäugte mich sanft

Am selben Tage etwas später sein Bruder
fiel in den Wintergarten ein flatterte aufgeregt
schrie nicht suchte verzweifelt den Weg kämpfte stumm
gegen die sonnenflirrenden Fensterscheiben
die ich ihm aufschloss zur Flucht

Wieder Stunden danach
im gedämpften Licht nachmittags im Wohnzimmer
ein dritter Rotfiedriger flog unter der Zimmerdecke
in großen zügigen Kreisen
ich sah seine ausgebreiteten Arme
am blutrot schimmernden Körper
wie von dem Mann am Kreuz

er fand seinen Weg durch die Türen
die offen standen von Raum zu Raum

immerfrühling

in diesem jahr
tausend steht
uns april ins haus

wärmesturmschauer

schwappt uns
das meer kopf
übern rand

Nachricht

Die Nachricht
von deiner Krankheit
zerschneidet uns
Himmel und Meer.

Mitten am Tage
fällt dein Körper
unter die Grenzen
des Erkennens.

Am Horizont
gleiten Schiffe
lautlos mit ihrer Fracht.

Im noch zu Erfahrenen
im Hingehen
ist die Hoffnung.

Wieder eine Nachricht

Wieder eine Nachricht
die wir nicht wahr
haben wollen
und doch blühn
die Farben des Sommers

und doch stehn wir
mit dir in der Zeit
Schulter an Schulter
und atmen
den Mohnduft der Erde

Heilige Cäcilie - das unsichtbare Klavier
(auf ein Bild von Max Ernst)

vogelauf
die gesänge vom roten klavier
handbeschlagen

noch ungesichtet
im nagelkleid
ihr martyrium

in den zerbrochenen domen der welt
ertönt
cäcilienmusik

Orangenmond

In meinem Schlafgemach
stehn deine Wolkenstiefel
tränentrocken
ich möcht wohl gehn
doch find ich nicht zurück
in meine Spuren

Nur dich hab ich gemeint
dein warmes Totenhemd
lag schützend über mir
traumfarben
Stoff von meinem Stoff

Orangenmond
der durch das Fenster scheint
im Flur vor meiner Tür
stehn flüsternd
die Geschwister Engel:

Lass deinen Bruder gehn
trag ihm sein Hemd nicht nach
küss ihn ein letztes Mal
auf seine Sterngedankenstirn

Niemandshand

Mit meiner Insel bin ich ganz allein
das Gras versinkt die Lerchen fallen
das Meer verliert sein Ansehn.
An den großen Teichen
stehn still die Träume noch vom Sommer
und Möwen weichen den Winden aus.

Ich wandere entlang den Flutenwegen
im Sand wo Menschenfüße Spuren legten
von altem Glück
und seh im fernen Dunst wie Schiffe untergehn
ganz klagelos
von Niemandshand gehalten.

Mein Schmied

Ich sehe meinen Schmied im Garten stehen
mit leicht gesenktem Nacken
einen Haarbreit unter den Kirschbäumen
diamantene Perlen auf seiner Stirn
höre ich ihn reden in seiner Baumsprache

wie er einfällt mit seiner Schere
ins dornige Gezänk der Rosen
wie er seine Sprache in Stein schlägt
weiße Marmorknospen entfaltet
begleitet vom metallischen Seufzen des Rotkehlchens
dem fordernden Ruf der Meisen

ziehn seine Hände über rosenhartes Gestein
umstreichen funkelnd den torsoglatten Leib

Gebet

Still sein
möcht ich
einen Raum finden
ganz tief unter den Schichten
der Klagehaut
zu dir finden

Bei dir liegen
dein Gesicht
das Gesicht meines Freundes
deine Hand
die Hand meines Freundes

Still sein möcht ich
nicht kämpfen müssen
nur atmen können
mit dir zu dir hin
mein Freund

Keine Zeit ist verloren
oder: Verteidigung der Achtundsechziger

Keine Zeit ist verloren
keiner hat Recht zu sagen
da gäbe es etwas das sinnlos war
Spuren des Aufbruchs und Untergangs
am Horizont
noch ist der Abend früh
noch gibt es viel zu sagen
noch ist Morgen
und wird Morgen sein

Keine Zeit ist verloren
wir haben viel getan
das Jahrhundert geschultert
unsere Kindheit entwurzelt
unsere Väter wie Bäume gefällt
und unseren eigenen Kindern gezeigt
wie wir den Tigerberg erobern
und fallen
im Rosenkrieg der Geschlechter
im Kugelhagel der Politik
mit Tapferkeit

Keine Zeit ist verloren
keiner hat Recht zu sagen
da gäbe es etwas Verflossenes
eine Frau einen Mann einen Gedanken
ein Wasser ausgesickert am Boden
einen Traum der verendete im Langen Marsch
keiner hat Recht zu sagen
dass etwas gestorben sei
ohne dass Neues entsteht

Keine Zeit ist verloren
so lange das Rot sich noch über den Dächern zeigt
und wir den Tag wittern
unruhig wie Tiere am frühen Morgen

Nachwort
Von Jürgen Heiser

Das sind die köstlichen Momente im Leben – inmitten einer Landschaft aus Bits und Beton auf eine Dichtung zu stoßen, die uns mit den archaischen Ahnungen des Lebens verbindet. »Sternenkinder« sind wir, lehrte mich vor Jahren das Planetarium in New York, jeder chemische Baustein der fernen Sternenwelten ist auch in uns, in jedem unserer Körper. Die Lyrik Ulrike Marie Hilles ist aus diesen Stoffen gebaut, in ihr sind die Elemente spürbar, die unsere Menschenwelt ausmachen. So öffnete sie uns schon in einem ihrer früheren Werke, dem »Überlebensfluglied«, ihr *Vogelherz* und berichtete von der Sehnsucht, *den Wolf zu umarmen*, *seinen Hunger nach Liebe zu teilen*, *weit über Hügel zu laufen*, gewärmt nur von unserem *räudigen Fell*. Unter diesem räudigen Fell sitzen die Stoffe, die uns zu Menschen machen, zu Gattungswesen zwischen den Extremen Hass und Liebe. In diesem Spannungsfeld zwischen Ich und Du erfährt unsere Sprache unter den Händen der Lyrikerin eine Verdichtung, die zeigt, daß sie vom Ich schreibt, ohne je ihr Gegenüber aus den Augen zu verlieren.

In der Auswahl des vorliegenden Bandes treffen wir auf eine Dichterin, die erkennen lässt, dass auch sie den Versuch durchlebt hat, die Ideen der 68er schöpferisch anzuwenden und »mit taktischem Geschick den Tigerberg [zu] erobern«. Aber für die Autorin war die Ernüchterung, die unsere Träume dabei erfuhren, nicht Anlass, das Wut- und Kampfgeheul des aufbegehrenden jungen Rudels in einen Lobgesang der Lämmer auf ihre alten Hüter zu verwandeln.

Ulrike Marie Hille scheuchte ihre Worte nicht in den engen Pferch zurück, den die Herren nur mit einem neuen Anstrich versehen hatten. Nein, sie wandelte sich in eine Capoeira-Tänzerin der Menschenliebe, eine Kriegerin, die den Schwung der geballten Faust in einen Tanz verwandelt.

Und noch von ganz anderer subversiv-humanitärer Art ist die vorliegende Dichtung. Sie lehrt von der engen Beziehung zwischen Erde und Mensch, Mensch und Mensch, Frau und Mann. Sie läßt die selbsternannten »Jäger«, die Männer, nackt dastehen, bar ihrer vermeintlichen Stärke. In der Atmosphäre der starken, lebendigen Erotik dieser Lyrik zeigt sich deutlich das *mächtige Elend*: die Angst der Männer vor der Potenz der Frauen. Eine Angst, die sie zu kaschieren suchen, indem sie *den Liebesakt ausführen wie einen Schießbefehl*. Es zeigt sich aber auch, wie die Frauen *in ihren geschlitzten röcken und gespitzten absätzen* den Männern zusetzen und somit nicht minder zu mörderischen *Vampiren* werden können, wenn sie nicht im tänzerischen Gleichgewicht mit ihnen bleiben. Nur wenn Mann und Frau lernen, aufeinander zu hören und im Takt zu bleiben, auch im kriegerischen Tanz miteinander und nicht gegeneinander zu sein, kann diese Welt eine Ahnung von Heilung erfahren. Darum geht es Ulrike Marie Hille in dem vorliegenden Werk.

Gedichte können keine Liebe wecken. Aber sie können unseren Gefühlen dazu verhelfen, aus dem Dunkel des Unbewußten und Verdrängten ans Tageslicht zu kommen. Von solcherart beflügelnder Kraft ist diese Lyrik. Das sagt der ergriffene Nichttänzer, der in sich *das Schwingen und Wiegen* spürt... *wie ein Schiff auf beinharten Wellen...*, und betont: Gern lasse ich mich von solcher Dichtung tanzen.

Vita

Ulrike Marie Hille

geboren in Dresden, aufgewachsen in Schleswig-Holstein in einer kinderreichen Pfarrersfamilie, studierte in Göttingen Literaturwissenschaft und Geschichte. Nach Gründung einer Kleinfamilie (mit zwei Kindern) ging sie nach Bremen und arbeitete viele Jahre als Lehrerin, vor allem an der Gesamtschule und in der Lehrer- und Erwachsenenbildung. Sie machte eine gestaltpsychologische Ausbildung als »Poesie- und Bibliotherapeutin« am Fritz-Pearls-Institut und entwickelte eine Didaktik des »poetischen Lernens«, das sie in der pädagogischen Praxis umgesetzt und in zahlreichen Veröffentlichungen darzustellen versucht hat.

Heute betreibt sie in Bremen einen »Literarischen Salon« und eine »Lyrik-Werkstatt«, in denen die Erfahrungen kreativen Lesens und Schreibens als Lernprozesse menschlichen Denkens und Handelns vermittelt werden sollen. Sie arbeitet an einem Buch zu diesem Thema.

Nach »Möglichkeiten des Wiedersehens« (1984) und »Überlebensflug« (1993/2003) erscheint mit »tangonosferatu oder die Zärtlichkeit der Vampire« nun ihr dritter Lyrikband.

Weitere Lyrik im Atlantik Verlag

Ulrike Marie Hille
Überlebensfluglied
Chant d'un vol de survie
Zweisprachig deutsch-französisch
96 S., EBr., 9.80 EUR
ISBN 3-926529-88-1

Gerd Kiep
Charons Traum
Illustrationen von Susanne Schossig
72 S., geb. 12.80 EUR
ISBN 3-926529-51-2